AF357180

ALLOCUTION

PRONONCÉE

Par M. le Vᵗᵉ DE PELLEPORT-BURÈTE

AU

BANQUET

DONNÉ

LE 20 MARS 1890

A L'OCCASION

DE LA 40ᵉ ANNÉE DE SA PRÉSIDENCE

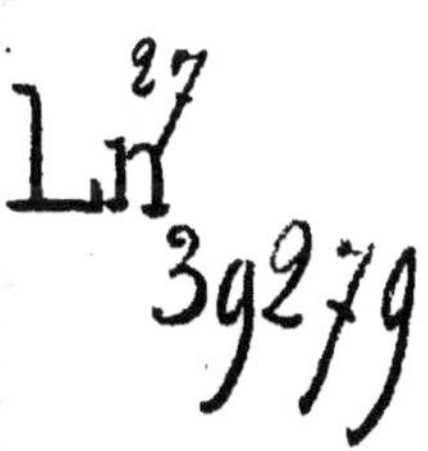

ALLOCUTION

PRONONCÉE

Par M. le Vte DE PELLEPORT-BURÈTE

AU

BANQUET

DONNÉ LE 20 MARS 1890

A L'OCCASION

DE LA 40ᵉ ANNÉE DE SA PRÉSIDENCE

MES CHERS AMIS,

Je ne puis accepter sans de formelles réserves les remerciements absolument exagérés que votre honorable Vice-Président vient de m'adresser. La raison en est bien simple : vous ne me devez rien, c'est moi qui vous dois tout. *(Non, non...)*

N'ayant, au début de ma carrière, que les services de mon Père pour protéger mes premières initiatives, sans votre constante assistance, comme tant d'autres et des plus vaillants, au moindre insuccès je serais retombé dans cette cruelle impuissance qui absorbe tous les jours tant de dévouements généreux. Pendant de longues années vous m'avez excité au Bien, à la Charité, à la Tolérance, au Patriotisme, vous m'avez modéré lorsque je me laissais entraîner trop loin, et aux heures des inévitables tristesses, vous m'avez fait espérer! *(Applaudissements.)*

Aujourd'hui, après avoir fêté, il y a 27 ans, mon entrée dans la Légion d'Honneur; en 1874 ma nomination à la Mairie de Bordeaux ; trois ans plus tard mon élection au Sénat ; mettant le comble à vos précieuses sympathies, vous m'accordez, à l'occasion de ma 40ᵉ ANNÉE DE PRÉSIDENCE, le seul honneur sérieux que puisse souhaiter celui qui a eu charge d'âmes : l'ESTIME

DE SES PAIRS ! Recevez, mes chers Amis, l'hommage bien sincère de ma profonde reconnaissance. *(Applaudissements.)*

La dette de cœur satisfaite, et comme une QUARANTAINE envolée ne se ressaisit pas, permettez-moi de ne pas laisser échapper l'occasion qui m'est offerte de rappeler à grands traits les divers incidents d'un Passé qui vous est cher.

C'est en **1850** que, sous la Présidence provisoire de CHARLES PETIT, aujourd'hui Conseiller à la Cour de Cassation, TRENTE-TROIS amis d'enfance, réunis le 1ᵉʳ DÉCEMBRE dans un modeste entresol du CAFÉ DE BORDEAUX, fondèrent le WHIST-CLUB. Quelques mois après, le 27 février 1851, vos grands Anciens, entraînés par l'exemple de l'UNION et du CLUB-BORDELAIS, constituaient, sous l'autorité d'ALPHAND, à l'INTENDANCE, dans l'HOTEL DE PONTET, l'un des Centres les plus actifs de ces splendides

Fêtes de Charité dont les populaires entraînements honoreront à jamais notre Jeunesse enthousiaste ! *(Salves d'applaudissements.)*

Le 10 Mars 1851, le Whist-Club devenu le New-Club transportait son siège social dans la Maison de Acha, rue Esprit-des-Lois. C'est là que, dédaignant le Whist, vous preniez les grandes allures ; louiez votre première loge au Grand-Théâtre ; fêtiez à son retour de Crimée le 27e de ligne victorieux ; prédisiez enfin au volontaire Charles Saint-Marc, le premier d'entre vous qui allait au devoir, les suprêmes étoiles du Généralat ! Ah ! mes amis, arrêtons-nous quelques instants sur cette vie si riche en sacrifices de toutes sortes et adressons à notre glorieux absent, que retient au loin le service de l'État, l'hommage chaleureux de notre vieille amitié ! *(Applaudissements plusieurs fois répétés.)*

Le 3 Octobre 1856, le New-Club s'installait

PLACE DE LA COMÉDIE, au 1er étage de la MAISON PAGÈS, où bientôt il fondait les premiers Steeple-Chases Bordelais; organisait, avec LÉOPOLD DURAS, son intéressante BIBLIOTHÈQUE; avec nous tous, jeunes pères alors, ces charmantes FÊTES ENFANTINES au milieu desquelles MONTAGUT était si heureux d'oublier la Politique et ses sévères exigences. (*Vive émotion.*)

En 1865, le 24 OCTOBRE, le New-Club établi cours du CHAPEAU-ROUGE dans l'Hôtel JOURNU, confiait à notre Collègue DUBOUCHÉ, la délicate mission de réunir les premiers éléments de sa GALERIE ARTISTIQUE que les libéralités de CHARLES WELTNER doivent sous peu enrichir de nouveaux attraits; déclarait statutaire sa CAISSE de DONS et PRÊTS, s'associait à toutes les manifestations charitables de l'époque. C'est dans l'Hôtel JOURNU que les événements de **1870** nous surprirent. Chacun fit son devoir; et à la Paix, vous comptiez dans vos rangs

SIX décorés, JOSEPH DE CARAYON LA TOUR en tête !

Depuis 1882, LE NEW-CLUB-COMÉDIE, le jour au CHAPEAU-ROUGE, le soir dans ses splendides salons du THÉATRE LOUIS, fier de BORRELLI, à la même heure soldat à Tuyen-Quan et lauréat à l'ACADÉMIE FRANÇAISE, puissant par son Union, par ses Réserves, par ses Espérances, rival d'aucun Cercle, mais l'Égal de tous, n'a qu'à se laisser vivre : L'ŒUVRE est accomplie ! (*Applaudissements.*)

A quel concours d'heureuses circonstances devez-vous, mes chers Amis, la situation importante que vous tenez aujourd'hui avec tant de virilité (cette Assemblée en est une preuve éclatante) dans le Sport Bordelais ? Au respect essentiel qui a présidé à votre Fondation et dont vos amis regrettés, JULES DURAND et FRÉDÉRIC SCHRÖDER, furent pendant de si longues années les infatigables conservateurs. (*Applaudissements répétés*.) Vous plaçant toujours et en toutes choses, même aux jours les plus tourmentés, au-dessus des agitations du dehors ; acceptant sans distinctions aucunes toutes les Honorabilités désireuses de s'unir à vous, jamais vous ne vous êtes demandé les uns aux autres que le sacrifice d'une Liberté : CELLE DE L'Égoïsme ! (*Applaudissements*.) Voilà le secret de cette grande Réussite à laquelle vous applaudissez avec une unanimité de sentiments qui me rappelle les beaux jours de 1850. (*Applaudissements*.)

Vous persévérerez aussi, mes chers Amis, dans cette excellente tradition qui a fait le NEW-CLUB ce qu'il est : UN LIEU D'ASILE OUVERT A TOUTES LES FIDÉLITÉS DE LA CAMARADERIE ! A ce prix, mais à ce prix seulement, vous transmettrez, intacte, à vos Enfants, cette Chère Demeure au sein de laquelle se sont écoulés les meilleurs instants de notre vie. (*Applaudissements*.)

Je m'arrête, mes chers Amis, car si je me laissais entraîner par un retour bien naturel vers des souvenirs qui depuis que vous êtes en Fêtes m'envahissent avec tant d'émotion, je lasserais certainement votre bienveillance et ce serait méconnaître gravement ce que je dois à vos inoubliables cordialités.

Messieurs et chers Amis,

Aux Noces d'Or
du New-Club-Comédie !

(Applaudissements répétés.)

BORDEAUX

IMPRIMERIE R. COUSSAU & F. COUSTALAT

20 — rue Gouvion — 20

—

1890

www.ingramcontent.com/pod-product-compliance
Lightning Source LLC
LaVergne TN
LVHW021612170726
843501LV00010B/3999